VŒU

DU ROI-MARTYR

LOUIS XVI.

VŒU
DU ROI-MARTYR
LOUIS XVI;

PAR LEQUEL IL CONSACRE SA PERSONNE, SA FAMILLE ET SON ROYAUME AU SACRÉ CŒUR DE JÉSUS, etc.

SUIVI

Des paroles qu'il adressa à Madame Royale le jour qu'elle fit sa première Communion; de la prière que la Reine de France faisoit réciter à son jeune fils le Dauphin, dans la tour du Temple; et de celle que Madame Royale, aujourd'hui Duchesse d'Angoulême, disoit chaque jour dans la même prison.

A MONTPELLIER,

Chez Auguste SEGUIN, Libraire, place Notre-Dame.

1814.

VŒU
DE LOUIS XVI.

On nous a communiqué une Prière et un Vœu de Louis XVI, qui ont droit d'intéresser les âmes religieuses et sensibles. Il paroît que l'une et l'autre sont du commençement de 1792. Cet infortuné Prince ne se dissimuloit pas toute l'étendue des maux qui le menaçoient. Touché des malheurs de sa famille et de ceux de l'Etat, il rédigea une Prière, et fit un Vœu pour appaiser la colère divine sur la France. Il n'y a pas de doute que la Prière et le Vœu furent dressés de concert avec M. Hébert, général des Eudistes, son confesseur. Du moins nous connoissons un Ecclésiastique estimable, M. l'Abbé D., V. de S. L. en L., qui avoit des relations avec M. Hébert, et qui fut chargé par lui de transcrire la Prière et le Vœu. C'est de lui que nous tenons la copie que nous en avons. Il a été appelé dernièrement chez une pieuse Princesse qui recueille avec un soin religieux des détails sur une victime chère à sa sensibilité. Interrogé par elle, il n'a pu assurer si les deux écrits étoient de la main de Louis XVI dont il ne connoissoit pas l'écriture; mais il a certifié qu'ils lui avoient été remis par son Confesseur, avec lequel il vivoit dans l'intimité. Il paroît même que ces deux pièces ont déjà vu le jour, et qu'elles ont été insérées dans un recueil de prières imprimé sans nom d'année. Au surplus, elles sont rares et peu connues. Elles donneront une haute idée de la piété de leur auguste Auteur. Elles peuvent presque marcher de pair avec ce testament sublime dans sa simplicité, où ce Prince a si bien peint la beauté de son âme. Elles respirent aussi la candeur, la pureté de ses vues, et la religieuse sévérité avec laquelle il se jugeoit lui-même. Mais il est temps d'écouter ce vertueux Monarque.

« Vous voyez, ô mon Dieu, toutes les plaies qui dessèchent mon cœur, et la profondeur de l'abîme dans lequel je suis tombé. Des maux sans nombre m'environnent de toutes parts. A mes malheurs personnels et à ceux de ma famille, qui sont affreux, se joignent, pour accabler mon âme, ceux qui couvrent la surface de tout le Royaume. Les cris de tous les infortunés, les gémissemens de la Religion opprimée retentissent à mes oreilles, et une voix intérieure m'avertit encore que peut-être votre justice me reproche toutes ces calamités, parce que dans les jours de ma puissance, je n'ai point réprimé la licence des mœurs et l'irréligion qui en est la principale cause.... Je n'aurai point, ô mon Dieu! la témérité de vouloir me justifier devant vous. Mais vous savez que mon cœur a toujours été soumis à la foi et aux règles des mœurs. Mes fautes sont le fruit da ma foiblesse, et semblent dignes de votre grande miséricorde. Vous avez pardonné au roi David, qui avoit été cause que vos ennemis avoient blasphémé contre vous; au roi Manassés qui avoit entraîné ses peuples dans l'idolâtrie. Désarmé par leur pénitence, vous les avez rétablis l'un et l'autre sur le trône de Juda. Vous les avez fait régner avec paix et avec gloire. Seriez-vous inexorable aujourd'hui pour un fils de saint Louis, qui prend ces Rois pénitens pour ses modèles, et qui, à leur exemple, désire de réparer ses fautes et de devenir un roi selon votre cœur? O Jésus-Christ! divin réparateur de toutes nos iniquités, c'est dans votre Cœur adorable que je dépose en ce moment les affections de mon âme affligée. J'appelle à mon secours le tendre Cœur de Marie, mon auguste protectrice et ma mère, et l'assistance de saint Louis, mon patron et le plus illustre de mes aïeux. Ouvrez-vous, Cœur adorable, et par les mains si pures de mes puissans intercesseurs, recevez le Vœu satisfactoire que la confiance m'inspire, et que je vous offre comme l'expression naïve des sentimens de mon cœur.

VOEU.

Si par un effet de la bonté infinie de Dieu je recouvre ma liberté et ma puissance royale, je promets solennellement :

1.° De révoquer, le plutôt que faire se pourra, toutes les lois qui me seront indiquées (soit par le Pape, soit par un Concile, soit par quatre Evêques choisis parmi les plus éclairés et les plus vertueux de mon Royaume) comme contraires à la pureté, à l'intégrité de la Foi, à la discipline, et à la juridiction spirituelle de la sainte Eglise Catholique, Apostolique et Romaine, notamment la Constitution civile du Clergé.

2.° De rétablir sans délai tous les Pasteurs légitimes et tous les Bénéficiers institués par l'Eglise, dans les bénéfices dont ils ont été injustement dépouillés par les décrets d'une puissance incompétente, sauf à prendre les moyens canoniques pour supprimer les titres des bénéfices qui sont moins nécessaires, et pour en appliquer les biens et revenus aux besoins de l'Etat.

3.° De prendre, dans l'intervalle d'une année, tant auprès du Pape qu'auprès des Evêques de mon Royaume, toutes les mesures nécessaires pour établir, en observant les formes canoniques, une fête solennelle en l'honneur du divin Cœur de Jésus, laquelle fête sera célébrée à perpétuité dans toute la France, le premier vendredi après l'octave du Saint Sacrement, et toujours suivie d'une procession générale, en réparation des outrages et des profanations commises dans nos saints Temples, pendant ce temps de troubles, par les schismatiques, les hérétiques et les mauvais chrétiens.

4.° D'aller moi-même en personne, sous trois mois, à compter du jour de ma délivrance, dans l'Eglise de Notre-Dame de Paris, ou dans toute autre Eglise principale du lieu où je me trouverai, et d'y prononcer un jour de Dimanche ou de Fête, au pied du Maître-Autel, après l'Offertoire de la Messe et entre les mains du Célébrant, un acte solennel de consécration de ma personne, de ma famille et de mon royaume au Sacré Cœur de Jésus, avec promesse de donner à tous mes sujets l'exemple du culte et de la dévotion qui sont dus à ce Cœur adorable.

5.° D'ériger et de décorer à mes frais, dans l'église que je choisirai pour cela, dans le cours d'une année, à compter du jour de ma délivrance, une chapelle ou un autel qui sera consacré au Sacré Cœur de Jésus, et qui servira de monument éternel de ma reconnoissance et de ma confiance sans bornes dans les mérites infinis, et dans les trésors inépuisables des grâces qui sont renfermées dans ce Cœur sacré.

6.° De renouveler tous les ans, au lieu où je me trouverai le jour qu'on célébrera la fête du Sacré Cœur de Jésus, l'acte de consécration exprimé dans l'article 4, et d'assister à la procession générale qui suivra la Messe de ce jour.

Je ne puis aujourd'hui prononcer qu'en secret cet engagement ; mais je le signerois de mon sang, s'il le falloit, et le plus beau jour de ma vie sera celui où je pourrai le publier à haute voix dans le Temple.

O Cœur adorable de mon Sauveur, que j'oublie ma main droite et que je m'oublie moi-même si jamais j'oublie vos bienfaits et mes promesses, si je cesse de vous aimer, et de mettre en vous toute ma confiance et ma consolation. »

A cette Prière et à ce Vœu, étoit jointe une autre prière qui n'y avoit pas un rapport bien direct.

Nous apprenons qu'un autre Ecclésiastique, aujourd'hui Curé d'une des Paroisses de la capitale, M. l'Abbé C. Curé de B. N., fut chargé par M. Hébert de faire, au nom du Roi, une neuvaine relativement à ce Vœu. Il la fit, en effet, dans une maison retirée. Il se rappelle parfaitement le fait, et l'atteste. Nous avons du plaisir à consigner ici ces témoignages et ces détails, qui seront recueillis avec intérêt par les personnes zélées pour la mémoire de l'auguste Victime, et empressées de rassembler tout ce qui peut faire éclater ses vertus et constater sa piété.

Paroles que le Roi adressa à sa fille le jour qu'elle fit sa première Communion.

Ce fut le 8 avril 1790 que Madame Royale, depuis Duchesse d'Angoulême, fit sa première Communion. Le matin de ce jour solennel, la Reine, ayant conduit dans la chambre du Roi la jeune Princesse, lui dit :

« Ma fille, jettez-vous aux pieds de votre père; demandez-lui sa bénédiction. »

Madame se prosterna : son père la bénit et la releva. Je répète avec un saint respect ces paroles qu'il lui adressa. Malheur à quiconque les pourroit lire sans attendrissement !

« C'est du fond de mon cœur, ma fille, que je vous bénis, en demandant au Ciel qu'il vous fasse la grâce de bien apprécier la grande action que vous allez faire. Votre cœur est innocent et pur aux yeux de Dieu; vos vœux doivent lui être agréables. Offrez-les lui pour votre mère et moi. Demandez-lui qu'il me donne les grâces nécessaires pour faire le bonheur de ceux sur lesquels il m'a donné l'empire, et que je dois considérer comme mes enfans. Demandez-lui qu'il daigne conserver dans ce Royaume la pureté de la Religion; et souvenez-vous bien, ma fille, que cette sainte Religion est la source du bonheur et notre soutien dans les adversités de la vie. Ne croyez pas que vous en soyez à l'abri. Vous êtes bien jeune; mais vous avez déjà vu votre père affligé plus d'une fois. Vous ne savez pas, ma fille, à quoi la Providence vous destine; si vous resterez dans ce royaume, ou si vous irez en habiter un autre. Dans quelque lieu que la main de Dieu vous pose, souvenez-vous que vous devez édifier par vos exemples, faire le bien toutes les fois que vous en trouverez l'occasion. Mais surtout, mon enfant, soulagez les malheureux de tout votre pouvoir: Dieu ne nous a fait naître dans le rang où nous sommes, que pour travailler à leur bonheur et les consoler dans leurs peines. Allez aux Autels, où vous êtes attendue, et conjurez le Dieu de miséricorde de ne vous laisser oublier jamais les avis d'un père tendre.

Prière que la Reine faisoit réciter à son fils dans la tour du Temple.

Dieu tout-puissant qui m'avez créé et racheté, je vous adore. Conservez les jours du Roi mon père, et ceux de ma famille ! Protégez-nous contre nos ennemis ! Donnez à madame de Tourzel * les forces dont elle a besoin pour supporter les maux qu'elle endure à cause de nous !

* Gouvernante du Dauphin.

Prière que Madame Royale, fille de Louis XVI, aujourd'hui Duchesse d'Angoulême, récitoit chaque jour dans la tour du Temple. *

Que m'arrivera-t-il aujourd'hui, ô mon Dieu ! je n'en sais rien du tout; tout ce que je sais, c'est qu'il ne m'arrivera rien que vous n'ayez prévu, réglé et ordonné de toute éternité : cela me suffit. J'adore vos desseins éternels et impénétra-

* Quelques personnes ont prétendu que cette prière étoit celle de Madame Elisabeth. C'est une erreur.

bles. Je m'y soumets de tout mon cœur pour l'amour de vous. Je veux tout, j'accepte tout, je fais un sacrifice de tout, et j'unis ce sacrifice à celui de Jésus-Christ, mon divin Sauveur. Je vous demande, en son nom et par ses mérites infinis, la patience dans mes peines, et la parfaite soumission qui vous est due pour tout ce que vous voulez ou permettez. Ainsi soit-il.

De l'Imprimerie de François SEGUIN aîné,
A Avignon.

www.ingramcontent.com/pod-product-compliance
Lightning Source LLC
Chambersburg PA
CBHW060901050426
42453CB00011B/2069